AF187184

Impressum
Verlag: BABADADA GmbH, Nedderfeld 112 , 22529 Hamburg
Geschäftsführer / Verlagsleitung: Harald Hof
Druck: Books on Demand GmbH, In de Tarpen 42, 22848 Norderstedt

Imprint
Publisher: BABADADA GmbH, Nedderfeld 112 , 22529 Hamburg, Germany
Managing Director / Publishing direction: Harald Hof
Print: Books on Demand GmbH, In de Tarpen 42, 22848 Norderstedt, Germany

школа
iskola

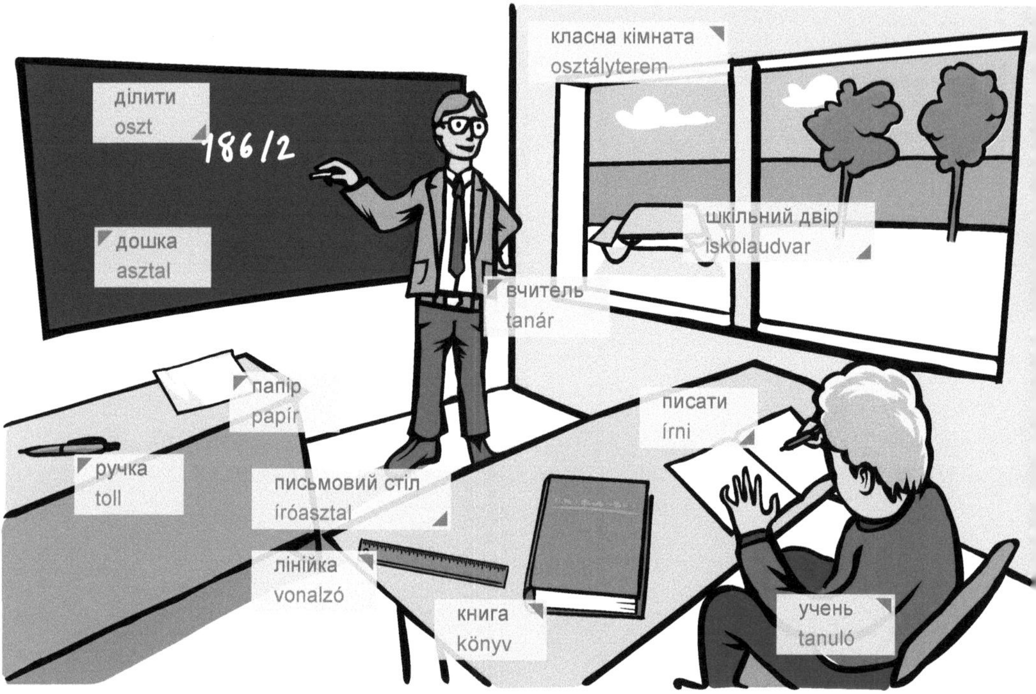
класна кімната
osztályterem
ділити
oszt
186/2
дошка
asztal
шкільний двір
iskolaudvar
вчитель
tanár
папір
papír
писати
írni
ручка
toll
письмовий стіл
íróasztal
лінійка
vonalzó
книга
könyv
учень
tanuló

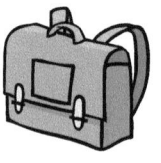

ранець

iskolatáska

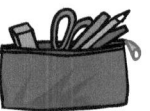

пенал

tolltartó

олівець

ceruza

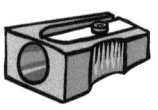

точило

ceruzahegyező

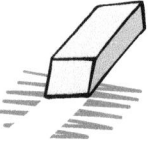

гумка

radír

альбом для малювання

rajzfüzet

малюнок
rajz

пензель
ecset

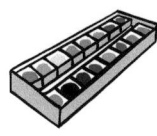

коробка фарб
festőkészlet

ножиці
olló

клей
ragasztó

зошит
munkafüzet

домашнє завдання
házi feladat

12

число
szám

2+2

додавати
összead

5-2

віднімати
kivon

2×2

множити
szoroz

рахувати
számol

A

літера
betű

ABCDEFG
HIJKLMN
OPQRSTU
VWXYZ

абетка
ABC

hello

слово
szó

текст

szöveg

читати

olvasni

крейда

kréta

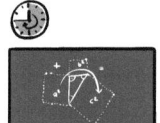

година

tanóra

класний журнал

napló

екзамен

vizsga

диплом

bizonyítvány

шкільна форма

iskolai egyenruha

освіта

oktatás

лексикон

enciklopédia

університет

egyetem

мікроскоп

mikroszkóp

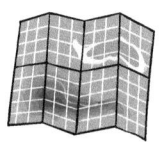

карта

térkép

кошик для паперу

papír-hulladék gyüjtö

подорож
utazás

готель
hotel
Grand
турбаза
szállás
ROOMS
EXCHANGE
обмінний пункт
valutaváltó iroda
валіза
bőrönd
автомобіль
autó

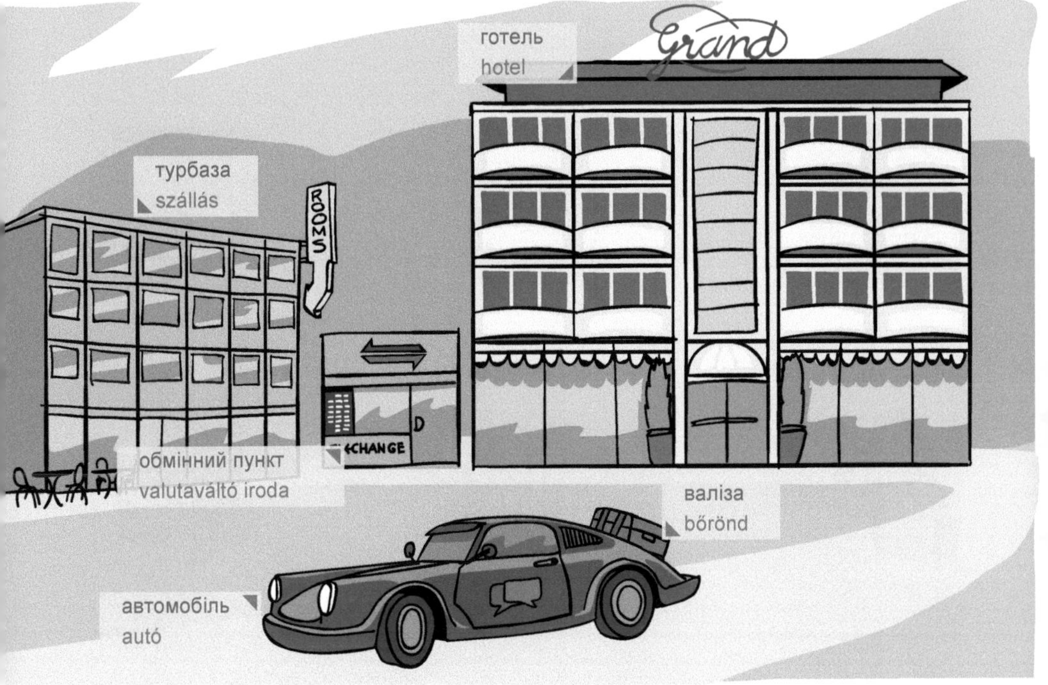

мова

nyelv

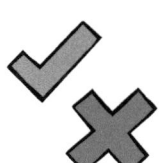

так / ні

igen/nem

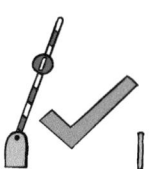

добре

rendben

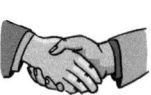

привіт

szia

перекладач

fordító

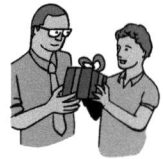

дякую

köszönöm

Скільки коштує …?

mennyibe kerül…?

Я не розумію

nem értem

проблема

probléma

Добрий вечір!

Jó estét!

Доброго ранку!

jó reggelt!

На добраніч!

jó éjszakát!

До побачення

viszontlátásra

напрямок

útirány

багаж

poggyász

сумка

táska

рюкзак

hátizsák

гість

vendég

кімната

szoba

спальний мішок

hálózsák

намет

sátor

туристична інформація

turista információ

пляж

strand

кредитна картка

hitelkártya

сніданок

reggeli

обід

ebéd

вечеря

vacsora

квиток

jegy

ліфт

lift

поштова марка

bélyeg

межа

határ

митниця

vám

посольство

nagykövetség

віза

vízum

паспорт

útlevél

транспорт
közlekedés

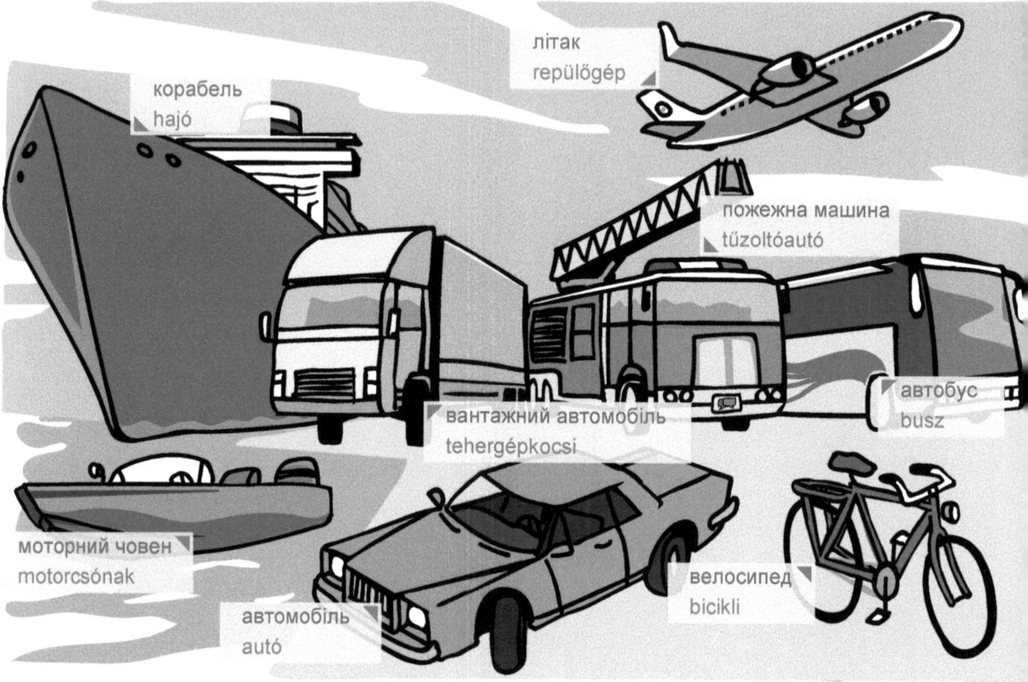
літак
repülőgép
корабель
hajó
пожежна машина
tűzoltóautó
вантажний автомобіль
tehergépkocsi
автобус
busz
моторний човен
motorcsónak
велосипед
bicikli
автомобіль
autó

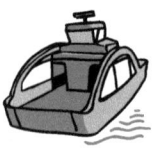

пором
komp

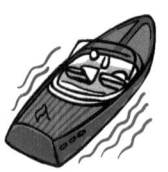

човен
csónak

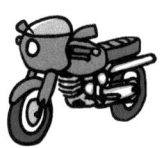

мотоцикл
motorkerékpár

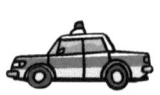

поліцейська машина
rendőrautó

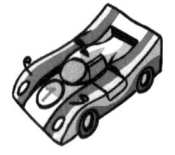

гоночний автомобіль
versenyautó

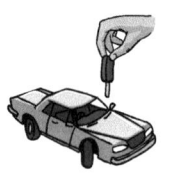

автомобіль на прокат
bérautó

спільне користування авто

telekocsi

евакуатор

vontató

сміттєвоз

szemetes autó

двигун

motor

паливо

üzemanyag

автозаправна станція

benzinkút

дорожній знак

közlekedési tábla

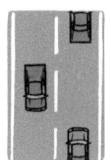

рух

forgalom

затор

forgalmi dugó

стоянка

parkoló

вокзал

vonatállomás

рейки

sínek

потяг

vonat

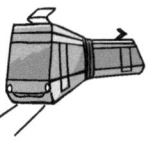

трамвай

villamos

вагон

vagon

гелікоптер

helikopter

аеропорт

repülőtér

вежа

torony

пасажир

utas

контейнер

konténer

коробка

kartondoboz

візок

taliga

кошик

kosár

стартувати / приземлятися

felszáll / leszáll

місто

város

село

falu

центр міста

városközpont

дім

ház

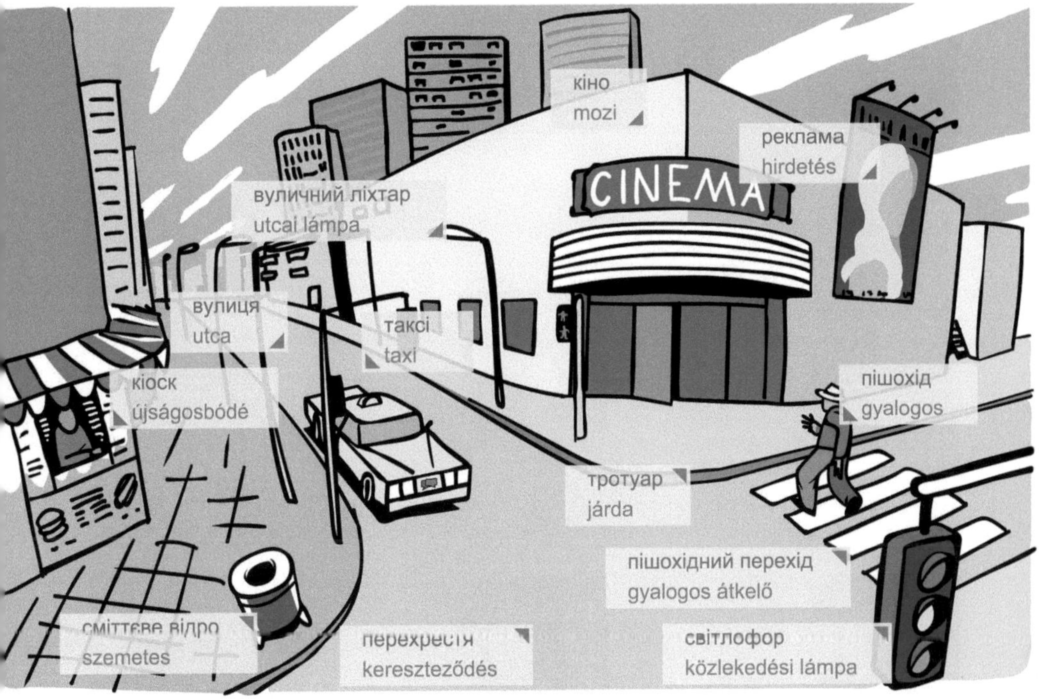

кіно
mozi

реклама
hirdetés

вуличний ліхтар
utcai lámpa

CINEMA

вулиця
utca

таксі
taxi

кіоск
újságosbódé

пішохід
gyalogos

тротуар
járda

пішохідний перехід
gyalogos átkelő

сміттєве відро
szemetes

перехрестя
kereszteződés

світлофор
közlekedési lámpa

хатина
kunyhó

квартира
lakás

вокзал
vonatállomás

ратуша
városháza

музей
múzeum

школа
iskola

університет

egyetem

банк

bank

лікарня

kórház

готель

hotel

аптека

gyógyszertár

офіс

iroda

книжковий магазин

könyvesbolt

магазин

üzlet

квітковий магазин

virágüzlet

супермаркет

szupermarket

ринок

piac

універмаг

áruház

торговець рибою

halárus

торговельний центр

bevásárló központ

гавань

kikötő

парк
park

лава
pad

міст
híd

сходи
lépcső

метро
metró

тунель
alagút

автобусна зупинка
buszmegálló

бар
bár

ресторан
étterem

поштова скринька
postaláda

вулична табличка
utcatábla

лічильник паркування
parkoló óra

зоопарк
állatkert

басейн
uszoda

мечеть
mecset

ферма

gazdálkodás

забруднення
навколишнього
середовища
környezetszennyezés

кладовище

temető

церква

templom

дитячий майданчик

játszótér

храм

szentély

ландшафт
táj

листок
levél

вказівний стовп
útjelző tábla

шлях
út

луг
rét

камінь
kő

мандрівник
túrázó

дерево
fa

річка
folyó

трава
fű

квітка
virág

долина

völgy

гора

domb

озеро

tó

ліс

erdő

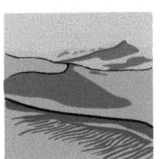

пустеля

sivatag

вулкан

vulkán

замок

kastély

веселка

szivárvány

гриб

gomba

пальма

pálmafa

комар

szúnyog

муха

légy

мурашка

hangya

бджола

méhecske

павук

pók

жук

bogár

жаба

béka

вивірка

mókus

їжак

sündisznó

заєць

nyúl

сова

bagoly

птах

madár

лебідь

hattyú

кабан

vaddisznó

олень

szarvas

лось

rénszarvas

гребля

gát

вітряк

szélturbina

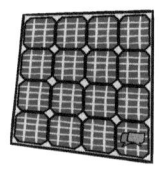

сонячний модуль

napelem

клімат

éghajlat

ресторан
étterem

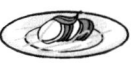

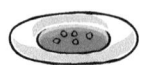

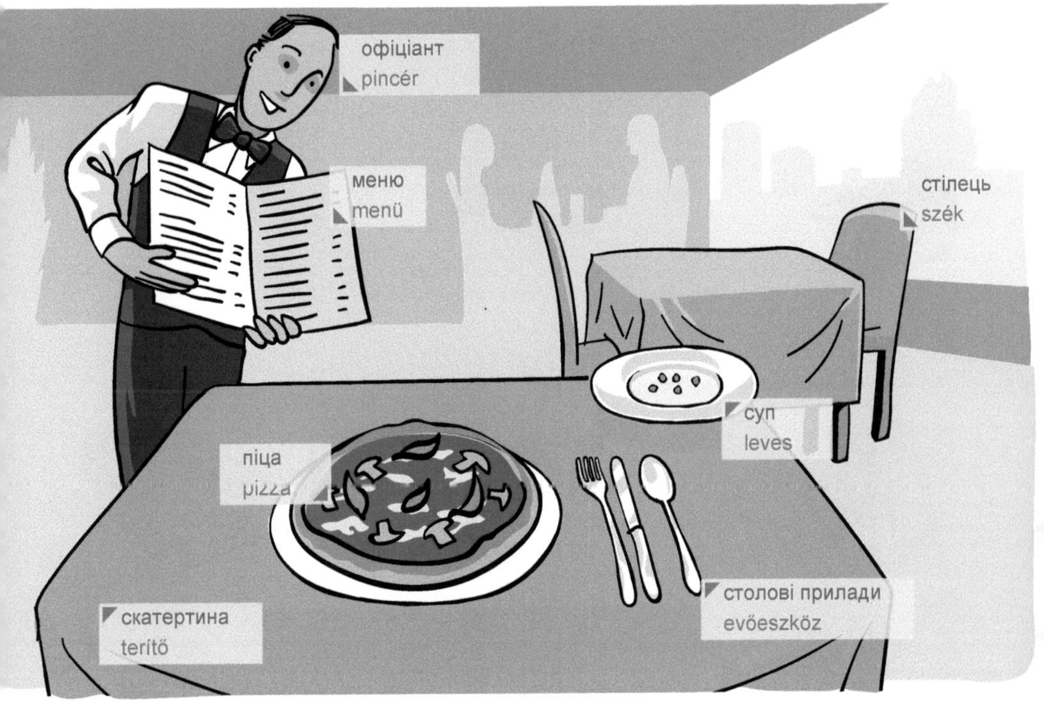
офіціант
pincér
меню
menü
стілець
szék
суп
leves
піца
pizza
столові прилади
evőeszköz
скатертина
terítő

закуска

előétel

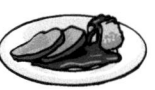

друга страва

főétel

десерт

desszert

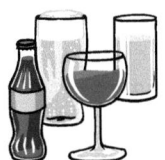

напої

italok

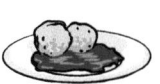

їжа

étel

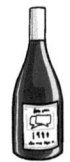

пляшка

üveg

фаст-фуд

gyorsétel

вулична їжа

gyorsétel

чайник

teás kanna

цукорниця

cukortartó

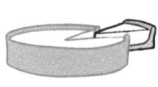

порція

adag

еспресо-машина

eszpresszógép

високий стільчик

bárszék

рахунок

számla

піднос

tálca

ніж

kés

вилка

villa

ложка

kanál

чайна ложка

teáskanál

серветка

szalvéta

склянка

pohár

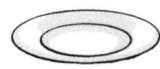

тарілка

tányér

тарілка для супу

leveses tányér

блюдце

csészealj

соус

szósz

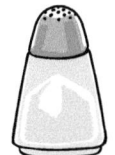

солонка

sószóró

млин для перцю

borsőrlő

оцет

ecet

масло

étkezési olaj

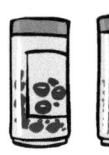

спеції

fűszerek

кетчуп

ketchup

гірчиця

mustár

майонез

majonéz

супермаркет
szupermarket

пропозиція
különleges ajánlat
FOR
клієнт
ügyfél
молочні продукти
tejtermék
фрукти
gyümölcsök
візок для покупок
bevásárló kocsi

BUTCHERS

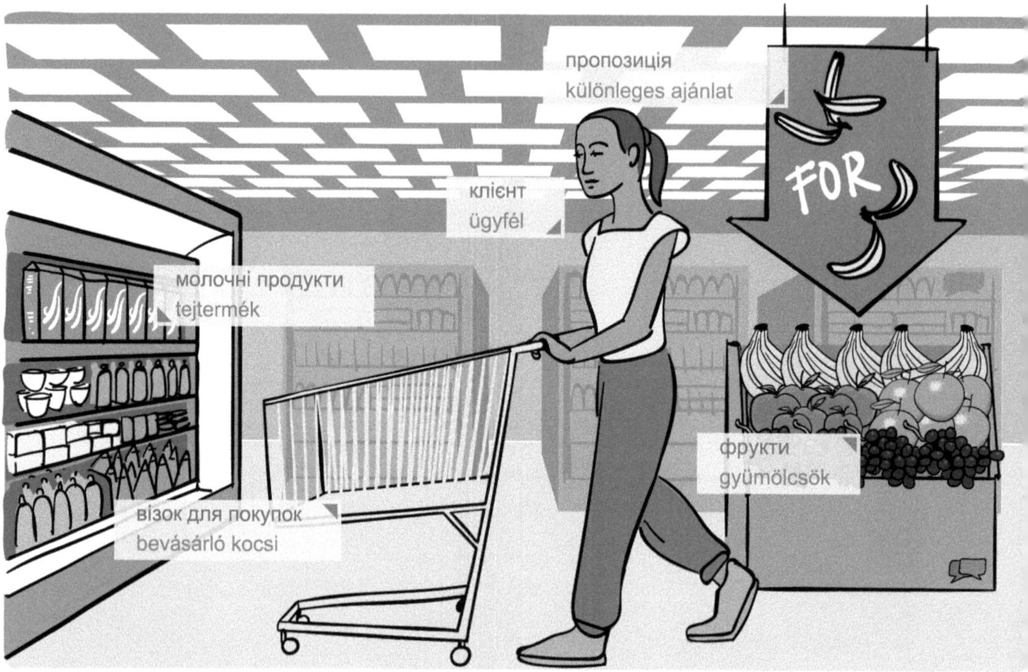

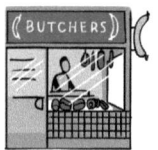

м'ясний магазин

hentes

BAKERY

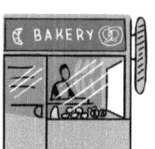

пекарня

pékség

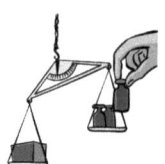

зважувати

nyom valamennyit

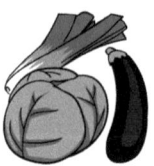

овочі

zöldség

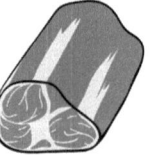

м'ясо

hús

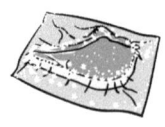

заморожені продукти

fagyasztott áru

ковбасна нарізка

felvágott

консерви

konzerv

пральний порошок

mosópor

солодощи

édességek

предмети домашнього побуту

háztartási termék

мийний засіб

tisztítószerek

продавщиця

eladó

каса

pénztárgép

касир

eladó

список покупок

bevásárló lista

часи роботи

nyitva tartás

гаманець

levéltárca

кредитна картка

hitelkártya

сумка

zacskó

поліетиленовий пакет

műanyag zacskó

вода

víz

сік

gyümölcslé

молоко

tej

кола

kóla

вино

bor

пиво

sör

алкоголь

alkohol

какао

kakaó

чай

tea

кава

kávé

еспресо

eszpresszó

капучіно

kapucsínó

банан

banán

яблуко

alma

апельсин

narancs

кавун

sárgadinnye

лимон

citrom

морква

sárgarépa

часник

fokhagyma

бамбук

bambusz

цибуля

hagyma

гриб

gomba

горішки

magvak

локшина

nokedli

спагеті

spagetti

рис

rizs

салат

saláta

картопля фрі

sült krumpli

смажена картопля

sült burgonya

піца

pizza

гамбургер

hamburger

бутерброд

szendvics

шніцель

hússzelet

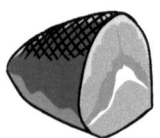

шинка

sonka

салямі

szalámi

ковбаса

kolbász

курка

csirke

печеня

pecsenye

риба

hal

вівсяні пластівці

zabkása

мюслі

müzli

кукурудзяні пластівці

kukoricapehely

борошно

liszt

круасан

croissant

булочка

zsemle

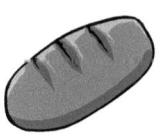

хліб

kenyér

тостовий хліб

pirítós kenyér

печиво

keksz

масло

vaj

сир

túró

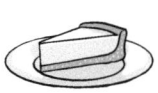

пиріг

sütemény

яйце

tojás

яєчня

tükörtojás

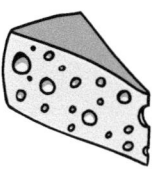

сир

sajt

морозиво

jégkrém

цукор

cukor

мед

méz

мармелад

lekvár

нуга-крем

mogyorókrém

карі

curry

ферма
gazdálkodás

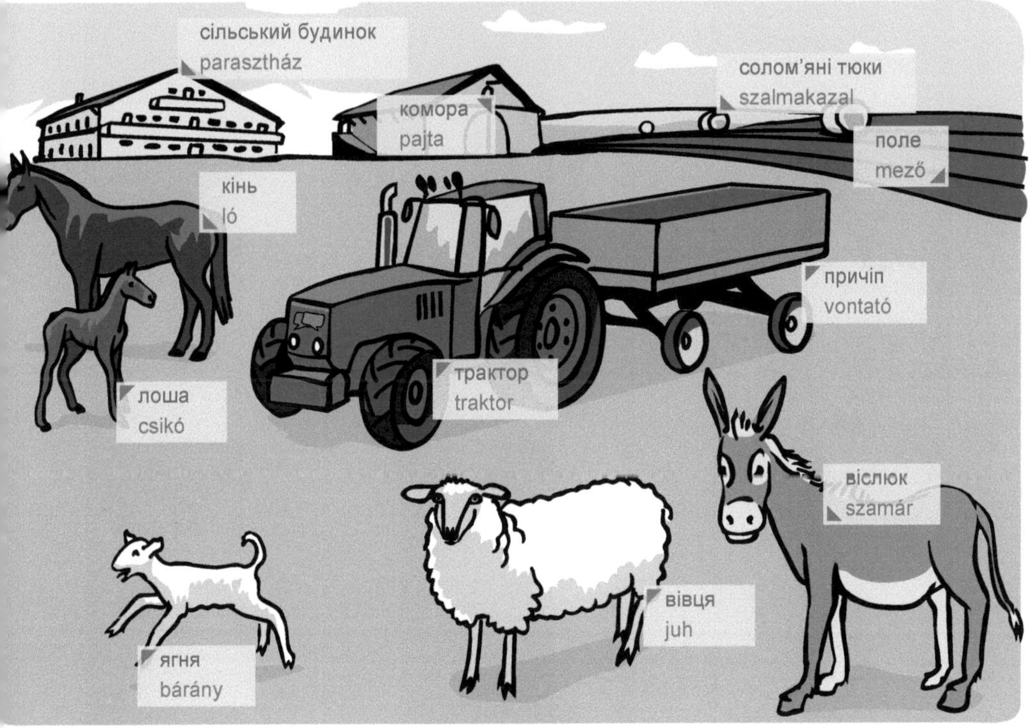
сільський будинок
parasztház
комора
pajta
солом'яні тюки
szalmakazal
поле
mező
кінь
ló
причіп
vontató
трактор
traktor
лоша
csikó
віслюк
szamár
вівця
juh
ягня
bárány

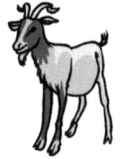

коза

kecske

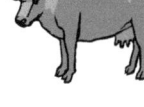

корова

tehén

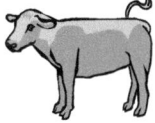

теля

borjú

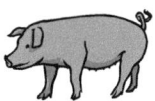

свиня

malac

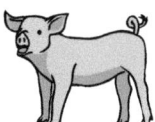

порося

kismalac

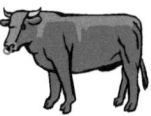

бик

bika

гусак

liba

качка

kacsa

курча

csibe

курка

tojó

півень

kakas

щур

patkány

кіт

macska

миша

egér

віл

ökör

собака

kutya

собача будка

kutyaház

садовий шланг

kerti öntözöcsö

лійка

öntözökanna

коса

kasza

плуг

eke

серп

sarló

мотика

kapa

вила

vasvilla

сокира

fejsze

тачка

talicska

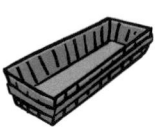

корито

teknő

бідон молока

tejes kancsó

мішок

zsák

паркан

kerítés

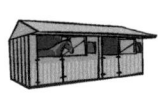

хлів

istálló

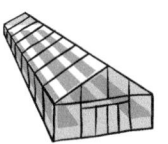

теплиця

üvegház

ґрунт

talaj

насіння

vetőmag

добриво

trágya

комбайн

cséplőgép

ферма - gazdálkodás

пожинати

szüretelni

урожай

betakarítás

корінь ямсу

yamgyökér

пшениця

búza

соя

szója

картопля

burgonya

кукурудза

kukorica

ріпак

repcemag

плодове дерево

gyümölcsfa

маніок

manióka

злаки

gabona

димохід
kémény

дах
tető

водостічний лоток
eresz

вікно
ablak

гараж
garázs

дзвінок
ajtócsengő

двері
ajtó

відро для сміття
szemetes

поштова скринька
postaláda

сад
kert

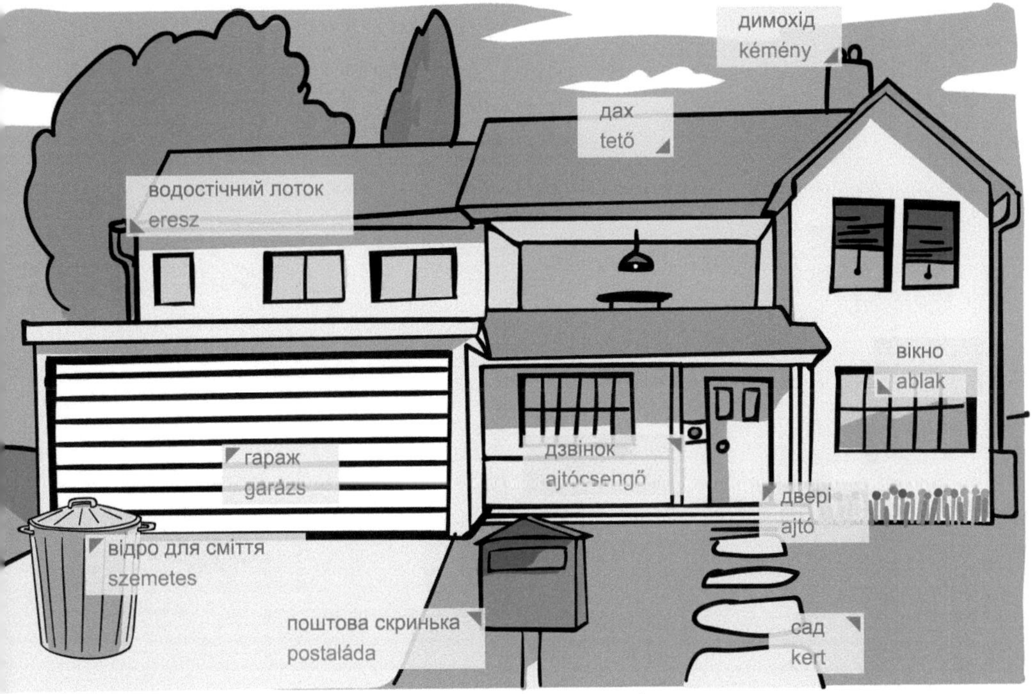

вітальня

nappali

ванна кімната

fürdőszoba

кухня

konyha

спальня

hálószoba

дитяча кімната

gyerekszoba

їдальня

ebédlő

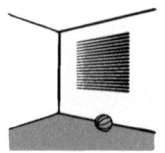

підлога

padló

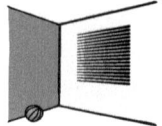

стіна

fal

стеля

plafon

підвал

pince

сауна

szauna

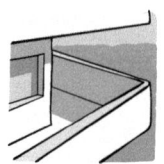

балкон

erkély

тераса

terasz

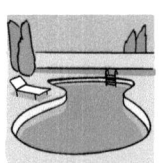

басейн

medence

косарка

fűnyíró

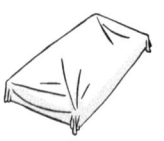

простирало

lepedő

ковдра

ágytakaró

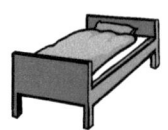

ліжко

ágy

мітла

seprű

відро

vödör

перемикач

kapcsoló

вітальня
nappali

шпалери
tapéta
малюнок
kép
лампа
lámpa
поличка
polc
шафа
szekrény
телевізор
televízió
камін
kandalló
квітка
virág
подушка
párna
диван
kanapé
ваза
váza
пульт
távirányító

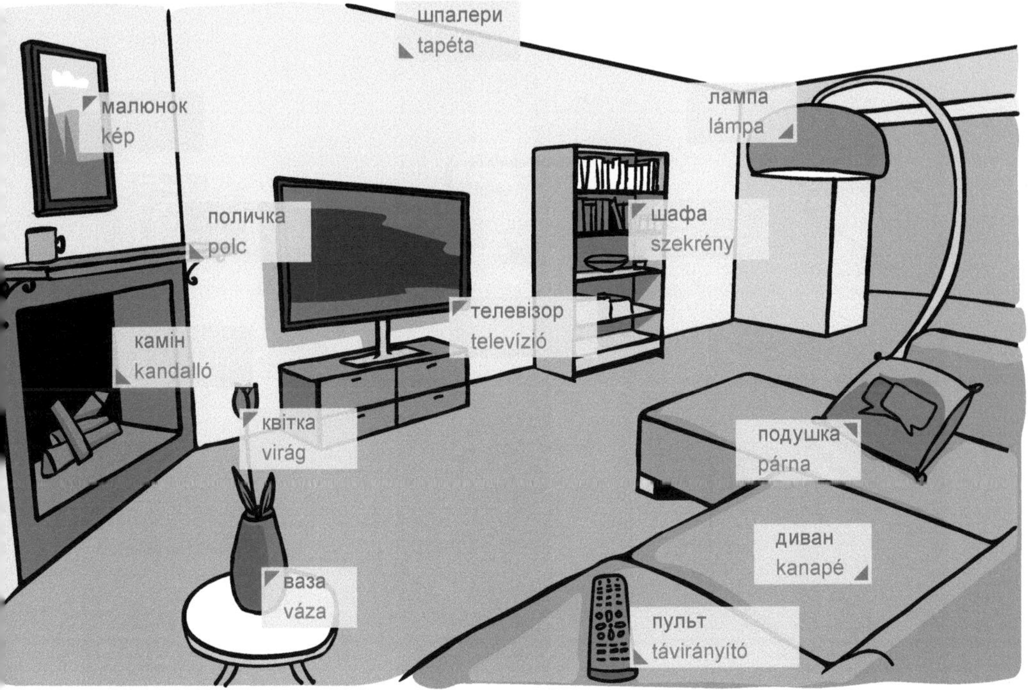

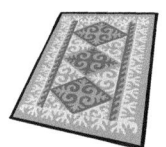

килим
szőnyeg

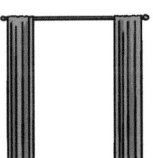

завіса
függöny

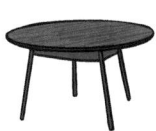

стіл
asztal

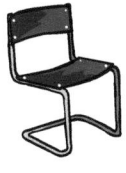

стілець
szék

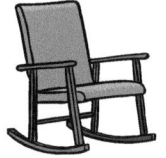

крісло-гойдалка
hintaszék

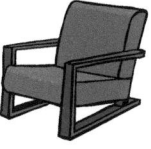

крісло
karosszék

книга

könyv

ковдра

takaró

прикраса

dekoráció

дрова

tűzifa

фільм

film

стереосистема

hifi

ключ

kulcs

газета

újság

картина

festmény

плакат

poszter

радіо

rádió

блокнот

jegyzetfüzet

пилосос

porszívó

кактус

kaktusz

свічка

gyertya

кухня
konyha

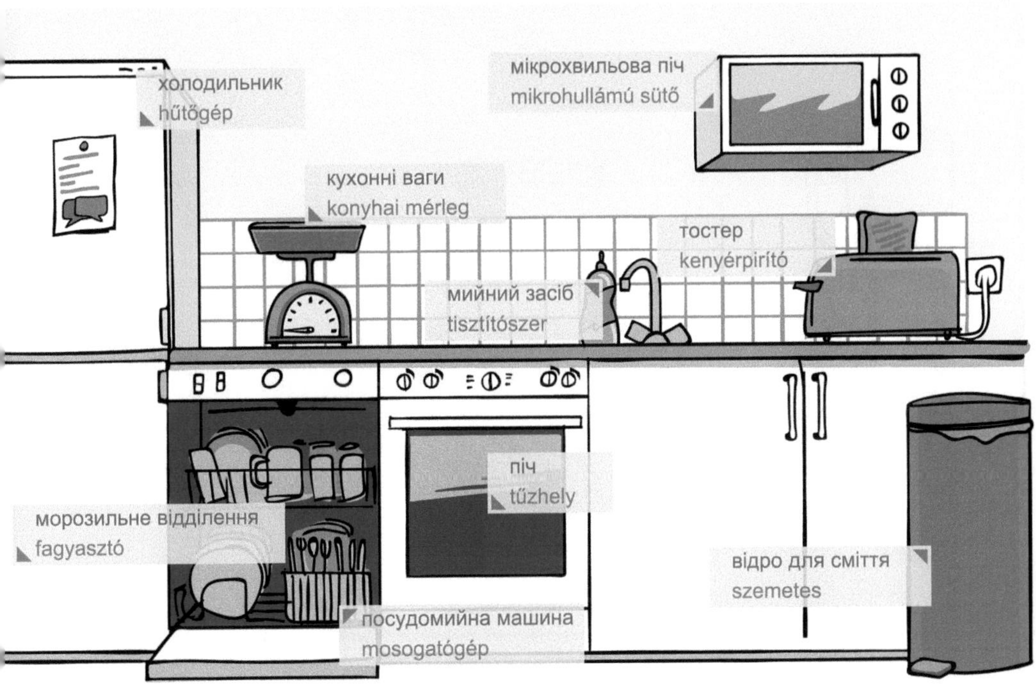
холодильник
hűtőgép
мікрохвильова піч
mikrohullámú sütő
кухонні ваги
konyhai mérleg
тостер
kenyérpirító
мийний засіб
tisztítószer
піч
tűzhely
морозильне відділення
fagyasztó
відро для сміття
szemetes
посудомийна машина
mosogatógép

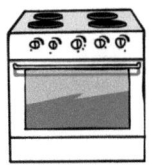

плита

tűzhely

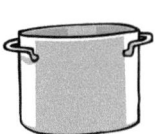

горщик

edény

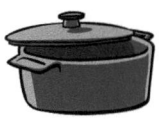

чавунний горщик

vasfazék

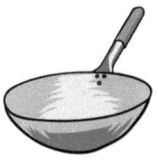

вок / кадай

wok / kadai

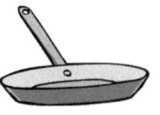

сковорода

serpenyő

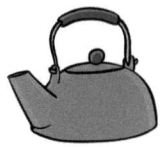

чайник

vízforraló

пароварка

pároló

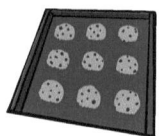

лист

tepsi

посуд

étkészlet

кухоль

bögre

чаша

tálka

палички для їжі

evöpálcika

черпак

merökanál

лопатка

keverölapátka

вінчик для збивання

habverö

сито

szűrő

сито

szita

терка

reszelő

ступка

mozsár

барбекю

grillsütö

багаття

kandalló

дошка
vágódeszka

качалка
sodrófa

штопор
dugóhúzó

конзерва
doboz

відкривачка
konzervnyitó

прихватки
edényfogó

раковина
mosogató

щітка
kefe

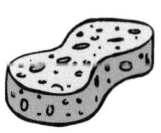

губка
szivacs

міксер
turmixgép

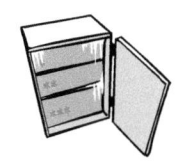

морозильна камера
mélyhűtő

дитяча пляшка
cumisüveg

кран
csap

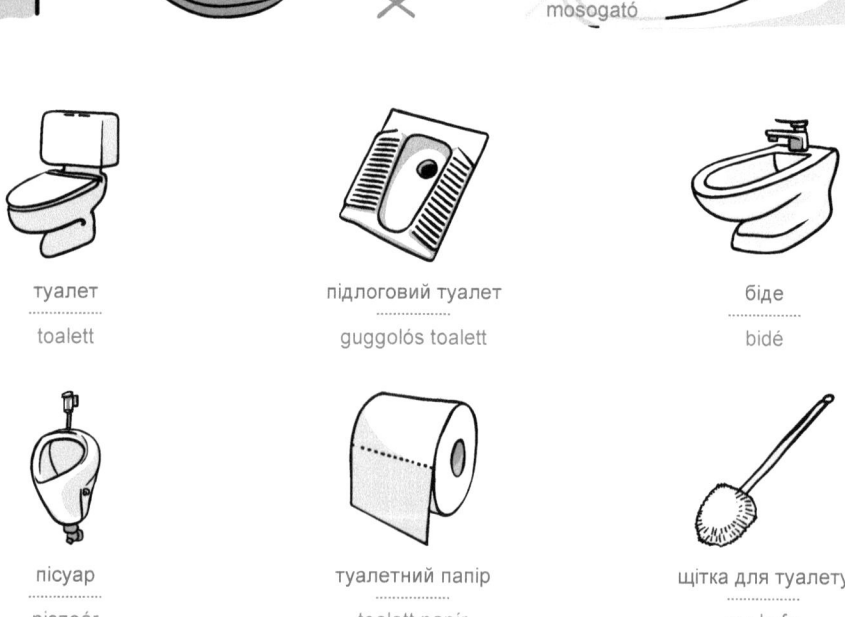

ванна кімната
fürdőszoba

опалення
fűtés
рушник
törölköző
душ
zuhany
душова завіса
zuhanyfüggöny
пініста ванна
habfürdő
ванна
kád
склянка
pohár
пральна машина
mosógép
кран
csap
плитка
csempe
горшок
bili
раковина
mosogató

туалет

toalett

підлоговий туалет

guggolós toalett

біде

bidé

пісуар

piszoár

туалетний папір

toalett papír

щітка для туалету

wc kefe

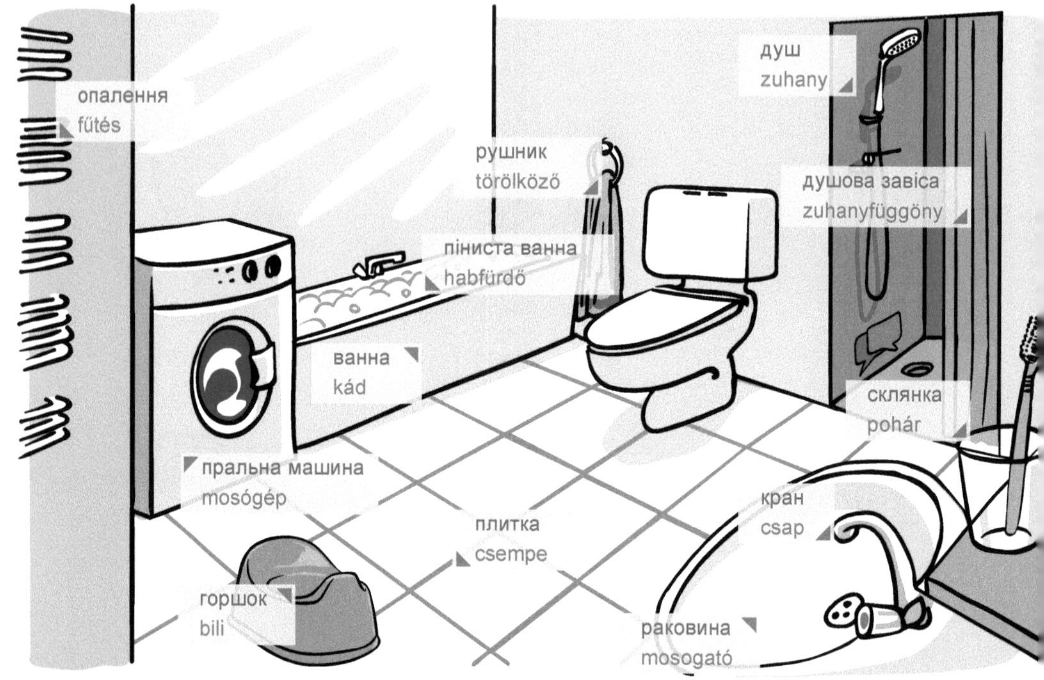

зубна щітка

fogkefe

зубна паста

fogkrém

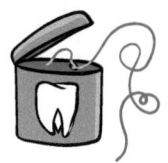

нитка для чищення зубів

fogselyem

мити

mosni

ручний душ

kézi zuhany

інтимний душ

intimzuhany

таз

mosdótál

щітка для спини

hátmosó kefe

мило

szappan

гель для душу

tusfürdő

шампунь

sampon

мочалка

mosdókesztyű

водостік

lefolyó

крем

krém

дезодорант

dezodor

дзеркало

tükör

косметичне дзеркало

kézitükör

бритва

borotva

піна для гоління

borotvahab

лосьйон після гоління

borotválkozás utáni
arcszesz

гребінь

fésü

щітка

hajkefe

фен

hajszárító

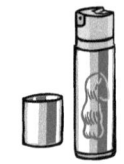

лак для волосся

hajlakk

косметика

smink

губна помада

ajakrúzs

лак для нігтів

körömlakk

вата

vatta

ножиці для нігтів

körömvágó olló

парфум

parfüm

косметичка

neszesszer

табурет

sámli

ваги

mérleg

халат

köntös

гумові рукавички

gumikesztyű

тампон

tampon

гігієнічні прокладки

egészségügyi betét

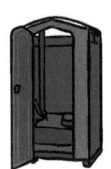

біотуалет

vegyi WC

дитяча кімната
gyerekszoba

будильник
ébresztő óra
м'яка іграшка
plüssállat
іграшковий автомобіль
játékautó
брязкальце
csörgő
ляльковий будиночок
babaház
подарунок
ajándék

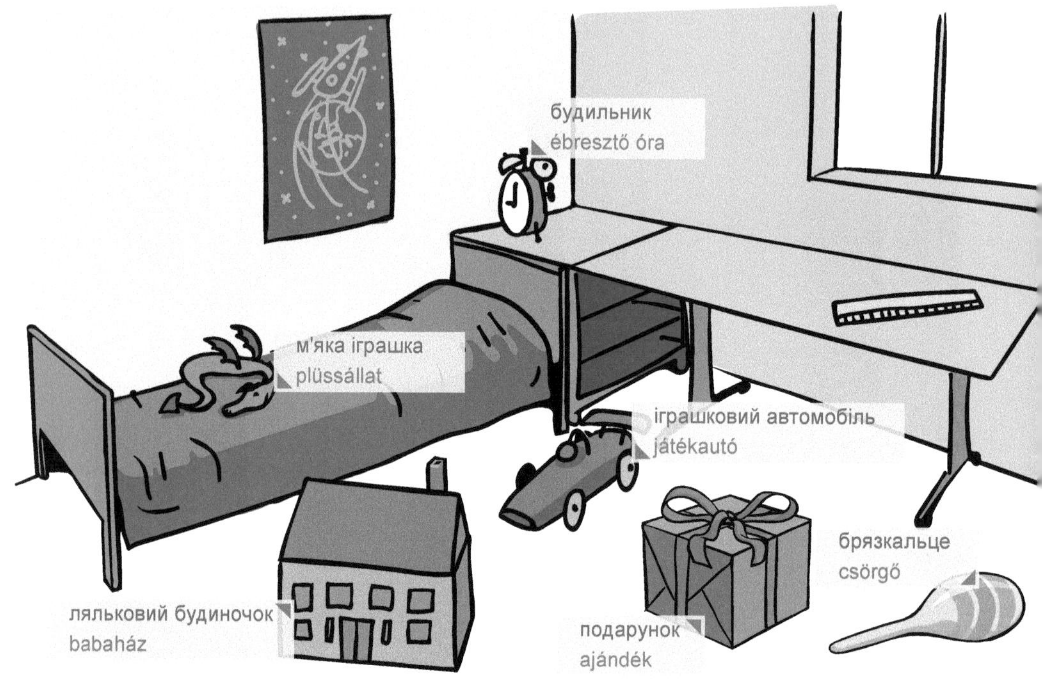

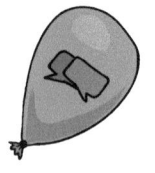

повітряна кулька

lufi

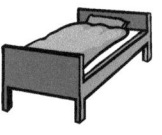

ліжко

ágy

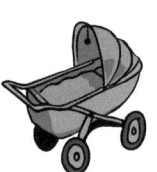

дитячий візок

babakocsi

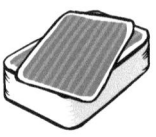

картярська гра

kártyapakli

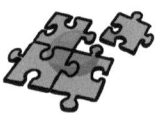

пазл

kirakós játék

комікс

képregény

лего цеглинки

építőkockák

блоки

építőelem

іграшкова фігурка

szuperhős

повзунки

rugdalózó

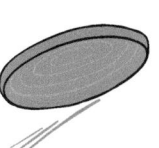

фризбі

frizbi

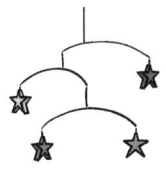

мобіле

zenélő forgó

настільна гра

társasjáték

кубик

kocka

модель залізнична станція

modellvasút

соска

cumi

вечірка

zsúr

книжка з картинками

képeskönyv

м'яч

labda

лялька

baba

грати

játszani

пісочниця

homokozó

гойдалка

hinta

іграшка

játékok

гральна консоль

videójáték konzol

триколісний велосипед

tricikli

плюшевий мішка

teddi maci

шафа

ruhásszekrény

одяг

ruházat

шкарпетки

zokni

панчохи

harisnya

колготки

harisnyanadrág

шарф
sál

парасоля
esernyő

футболка
póló

ремінь
öv

чоботи
csizma

домашнє взуття
papucs

кросівки
tornacipő

сандалі
szandál

взуття
cipő

гумові чоботи
gumicsizma

труси
alsónadrág

бюстгальтер
melltartó

нижня сорочка
mellény

одяг - ruházat

боді

body

штани

nadrág

джинси

farmer

спідниця

szoknya

блузка

blúz

сорочка

ing

пуловер

pulóver

светр

kapucnis pulóver

піджак

blézer

куртка

dzseki

пальто

kabát

дощовик

esőkabát

костюм

kosztüm

сукня

ruha

весільна сукня

esküvői ruha

костюм

öltöny

нічна сорочка

hálóing

піжама

pizsama

сарі

szári

головна хустка

fejkendő

чалма

turbán

бурка

burka

кафтан

kaftán

абая

abaya

купальник

fürdöruha

плавки

fürdőnadrág

шорти

rövidnadrág

тренувальний костюм

tréningruha

фартух

kötény

рукавички

kesztyű

гудзик

gomb

окуляри

szemüveg

браслет

karkötö

ланцюг

nyaklánc

кільце

gyűrű

сережка

fülbevaló

шапка

sapka

плічка

vállfa

капелюх

kalap

краватка

nyakkendő

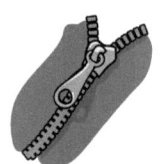

застібка-блискавка

cipzár

шолом

bukósisak

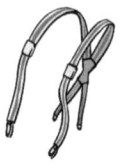

підтяжки

nadrágtartó

шкільна форма

iskolai egyenruha

уніформа

egyenruha

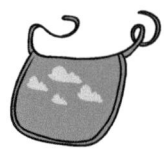

нагрудник

előke

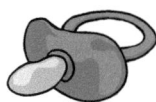

соска

cumi

підгузок

pelenka

офіс
iroda

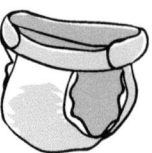

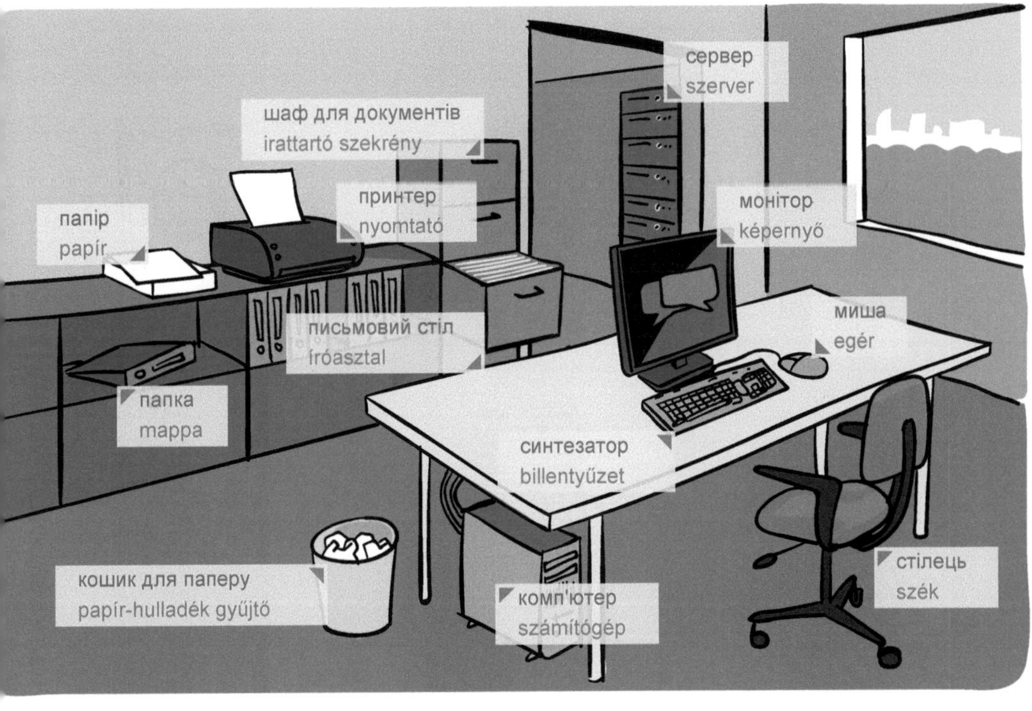

сервер
szerver
шаф для документів
irattartó szekrény
папір
papír
принтер
nyomtató
монітор
képernyő
миша
egér
письмовий стіл
íróasztal
папка
mappa
синтезатор
billentyűzet
стілець
szék
кошик для паперу
papír-hulladék gyűjtő
комп'ютер
számítógép

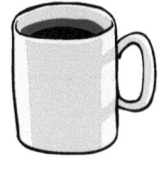

кавовий кухоль

kávéscsésze

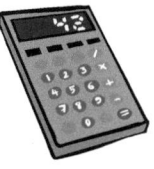

калькулятор

számológép

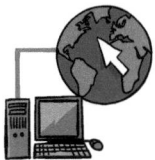

інтернет

internet

ноутбук

laptop

лист

levél

повідомлення

üzenet

мобільний телефон

mobiltelefon

мережа

hálózat

копіювальний пристрій

fénymásoló

програмне забезпечення

szoftver

телефон

telefon

розетка

konnektor

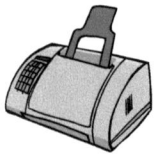

факс

faxgép

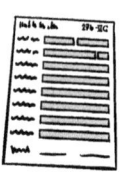

бланк

formanyomtatvány

документ

dokumentum

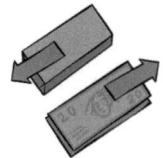

купувати

venni

платити

fizetni

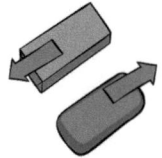

торгувати

kereskedni

гроші

pénz

долар

dollár

євро

euró

ієна

jen

рубль

rubel

франк

svájci frank

юанів женьміньбі

kínai jüan

рупія

rúpia

банкомат

bankautomata

обмінний пункт

valutaváltó iroda

золото

arany

срібло

ezüst

нафта

olaj

енергія

energia

ціна

ár

контракт

szerződés

податок

adó

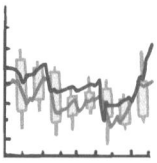

акція

részvény

працювати

dolgozni

працівник

munkavállaló

роботодавець

munkaadó

фабрика

gyár

магазин

üzlet

професії
foglalkozások

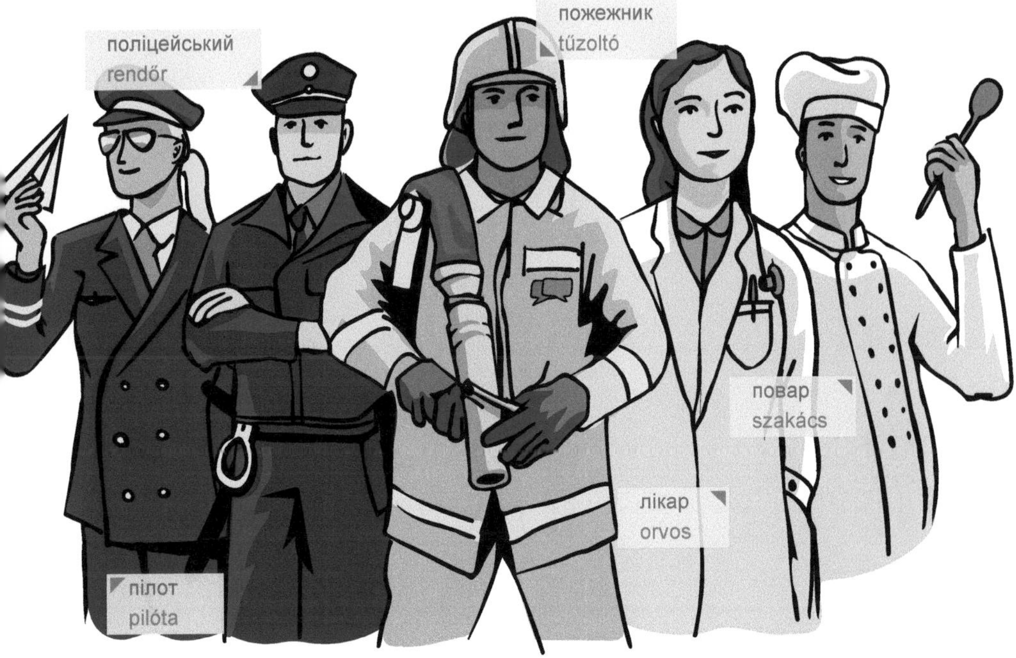
пожежник
tűzoltó
поліцейський
rendőr
повар
szakács
лікар
orvos
пілот
pilóta

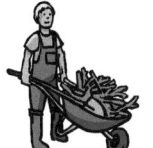

садівник
kertész

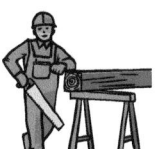

столяр
kárpitos

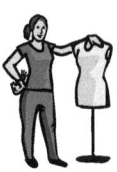

швачка
varrónő

суддя
bíró

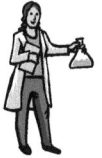

хімік
vegyész

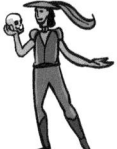

актор
színész

водій автобуса

buszsofőr

таксист

taxisofőr

рибалка

halász

прибиральниця

bejárónő

покрівельник

tetőfedő

офіціант

pincér

мисливець

vadász

художник

festő

пекар

pék

електрик

villanyszerelő

будівельник

építőmunkás

інженер

mérnök

забійник

hentes

бляхар

vízvezeték-szerelő

листоноша

postás

солдат

katona

архітектор

építész

касир

eladó

флорист

virágos

перукар

fodrász

кондуктор

kalauz

механік

műszerész

капітан

kapitány

дантист

fogorvos

вчений

tudós

рабин

rabbi

імам

imám

монах

szerzetes

пастор

lelkész

інструменти
szerszámok

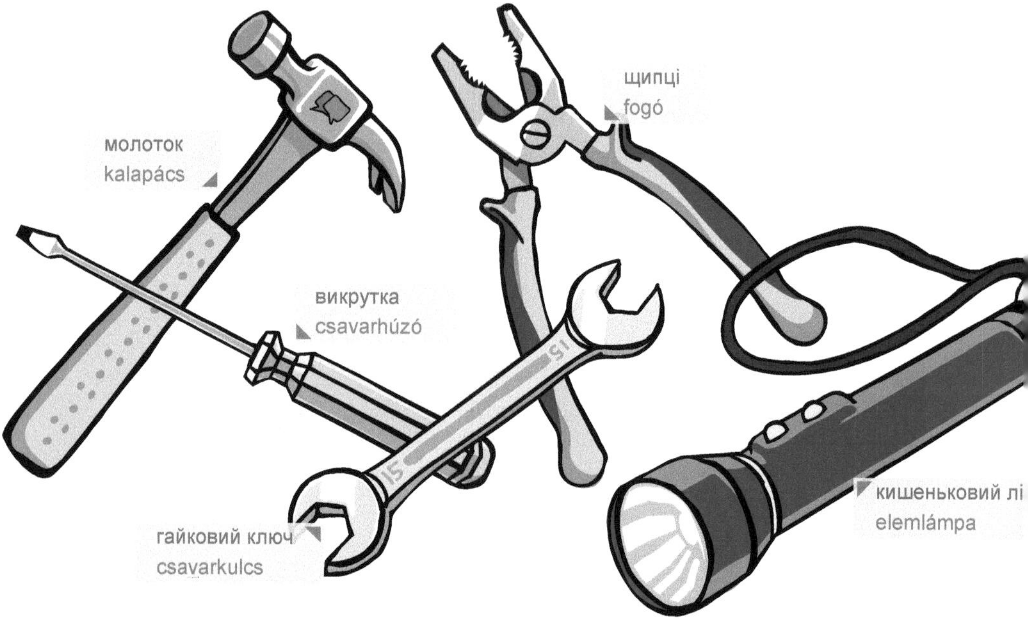

щипці
fogó
молоток
kalapács
викрутка
csavarhúzó
кишеньковий лі
elemlámpa
гайковий ключ
csavarkulcs

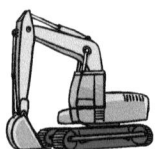

екскаватор

markológép

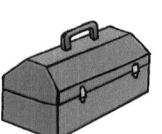

ящик для інструментів

szerszámosláda

драбина

vödör

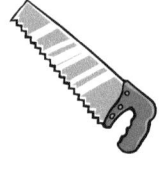

пилка

fűrész

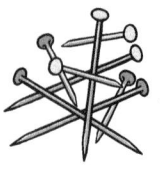

цвяхи

szög

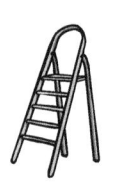

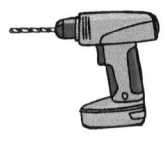

свердло

fúrógép

ремонтувати

megjavítani

лопата

lapát

лайно!

A francba!

совок

szemétlapát

відро з фарбою

festékesdoboz

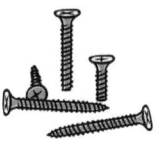

гвинти

csavar

музичні інструменти
hangszerek

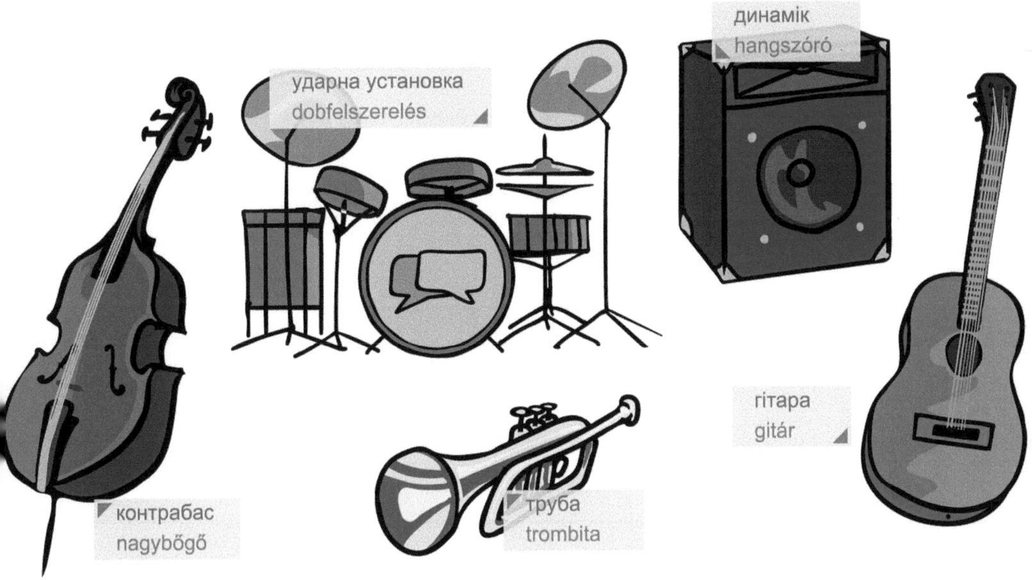

динамік
hangszóró

ударна установка
dobfelszerelés

гітара
gitár

контрабас
nagybőgő

труба
trombita

фортепіано

zongora

скрипка

hegedű

бас

basszusgitár

литаври

üstdob

барабан

dobok

клавіатура

digitális zongora

саксофон

szaxofon

флейта

fuvola

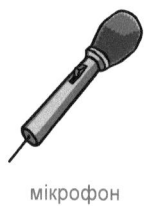

мікрофон

mikrofon

зоопарк
állatkert

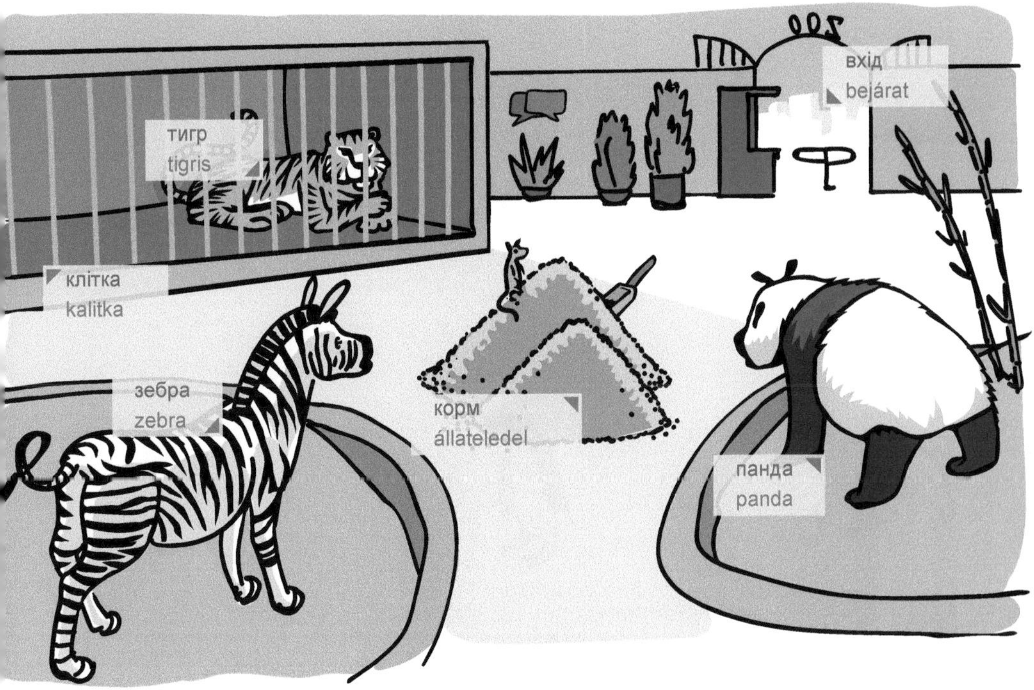

вхід
bejárat
тигр
tigris
клітка
kalitka
зебра
zebra
корм
állateledel
панда
panda

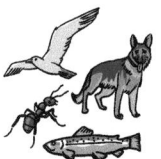

тварини
állatok

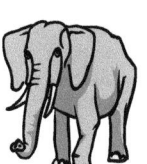

слон
elefánt

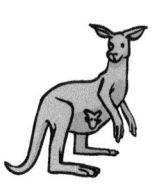

кенгуру
kenguru

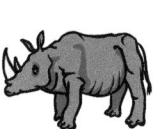

носоріг
orrszarvú

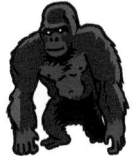

горила
gorilla

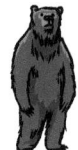

ведмідь
medve

верблюд

teve

страус

strucc

лев

oroszlán

мавпа

majom

фламінго

flamingó

папуга

papagáj

білий ведмідь

jegesmedve

пінгвін

pingvin

акула

cápa

павич

páva

змія

kígyó

крокодил

krokodil

працівник зоопарку

állatgondozó

тюлень

fóka

ягуар

jaguár

поні
póniló

леопард
leopárd

гіпопотам
víziló

жираф
zsiráf

орел
sas

кабан
vaddisznó

риба
hal

черепаха
teknős

морж
rozmár

лисиця
róka

газель
gazella

спорт
sportok

американський футбол
amerikai futball

їзда на велосипеді
kerékpározás

теніс
tenisz

баскетбол
kosárlabda

плавання
úszás

бокс
boksz

хокей
jégkorong

футбол
futball

бадмінтон
tollas

легка атлетика
atlétika

гандбол
kézilabda

лижні перегони
síelés

поло
lovaspóló

дії
tevékenységek

сміятися
nevetni
стрибати
ugrani
обіймати
ölelni
йти
sétálni
співати
énekelni
мріяти
álmodni
молитися
dicsérni
цілувати
csókolni

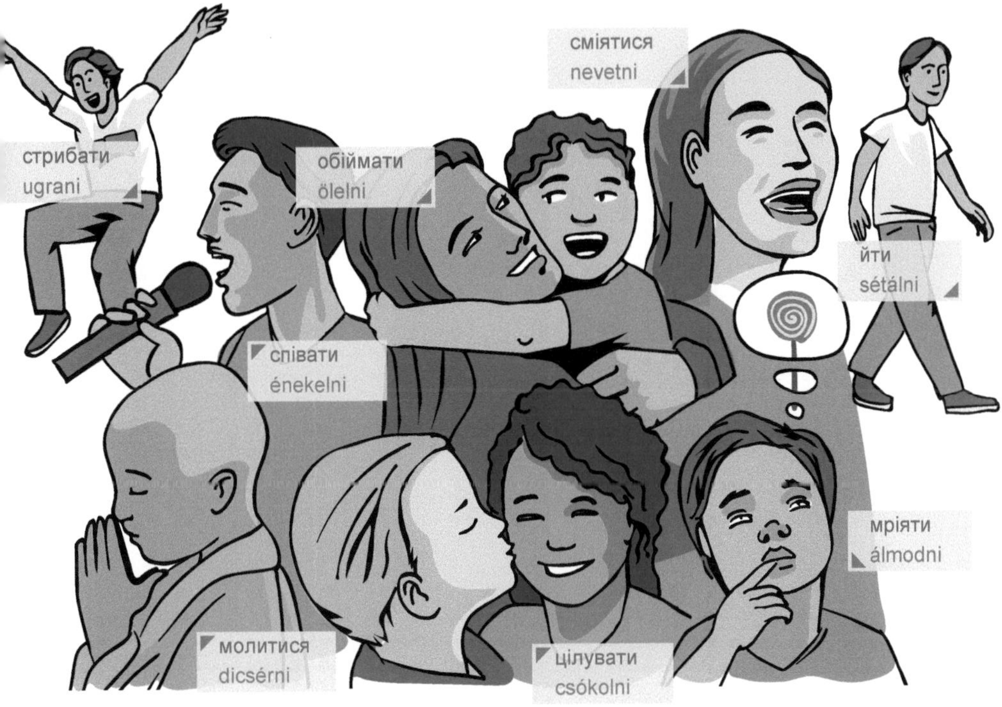

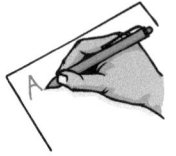

писати

írni

малювати

rajzolni

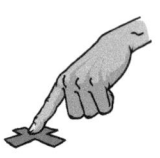

показувати

mutatni

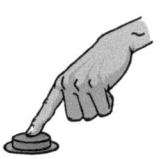

тиснути

tolni

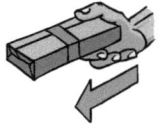

давати

adni

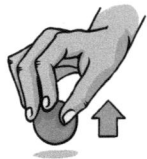

брати

vinni

мати

birtokolni

робити

csinálni

бути

lenni

стояти

állni

бігати

futni

тягнути

húzni

кидати

hajít

падати

esni

лежати

hazudni

очікувати

várni

носити

vinni

сидіти

ülni

одягати

felvenni

спати

aludni

просипатися

felébredni

дивитися ránézni	плакати sírni	гладити simogat

розчісувати fésülni	розмовляти beszélni	розуміти megérteni

питати kérdezni	слухати hallgatni	пити inni

їсти enni	прибирати takarítani	любити szeretni

варити főzni	їхати vezetni	літати szállni

йти під вітрилом

vitorlázni

рахувати

számol

читати

olvasni

вчитися

tanulni

працювати

dolgozni

одружуватися

házasodni

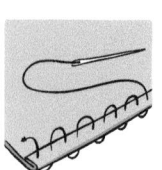

шити

varrni

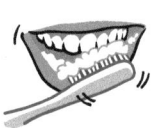

чистити зуби

fogat mosni

убивати

ölni

курити

dohányozni

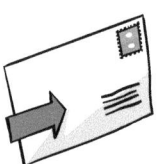

посилати

küldeni

сім'я
család

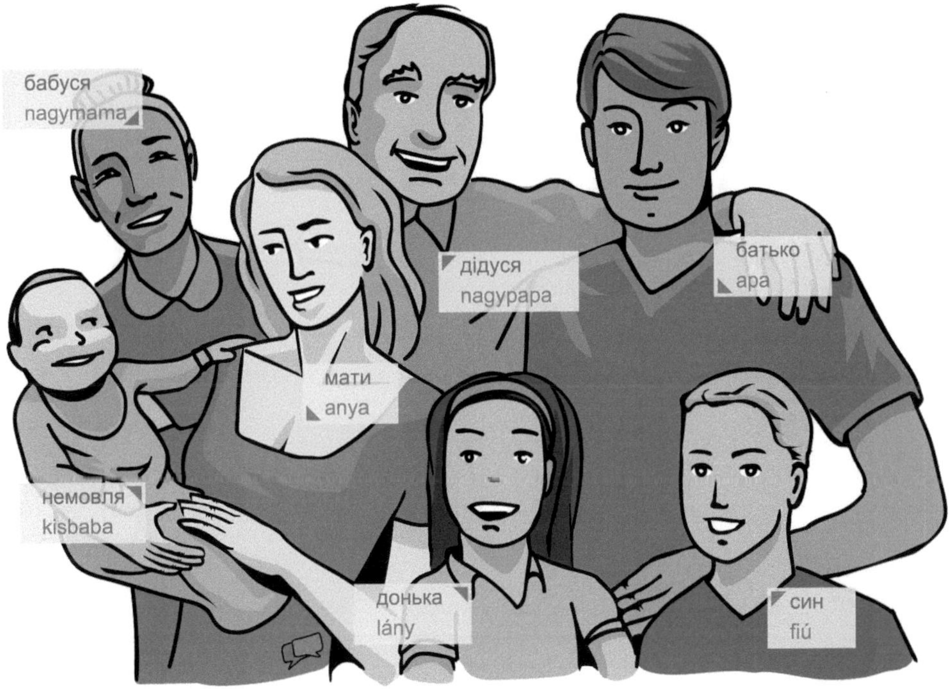
бабуся
nagymama
дідуся
nagypapa
батько
apa
мати
anya
немовля
kisbaba
донька
lány
син
fiú

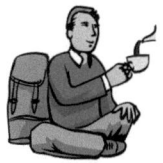

гість

vendég

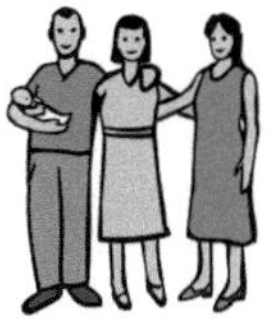

тітка

nagynéni

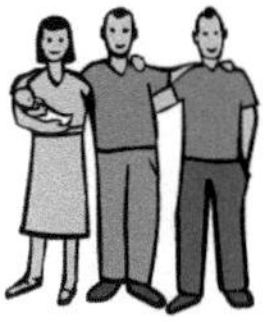

дядько

nagybácsi

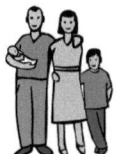

брат

fiútestvér

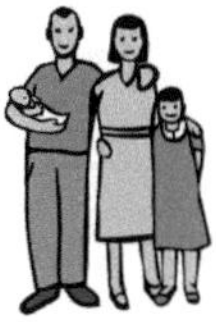

сестра

lánytestvér

тіло

test

чоло
homlok
око
szem
плече
váll
палець
ujj
обличчя
arc
підборіддя
áll
кисть
kéz
груди
mell
нога
láb
рука
kar

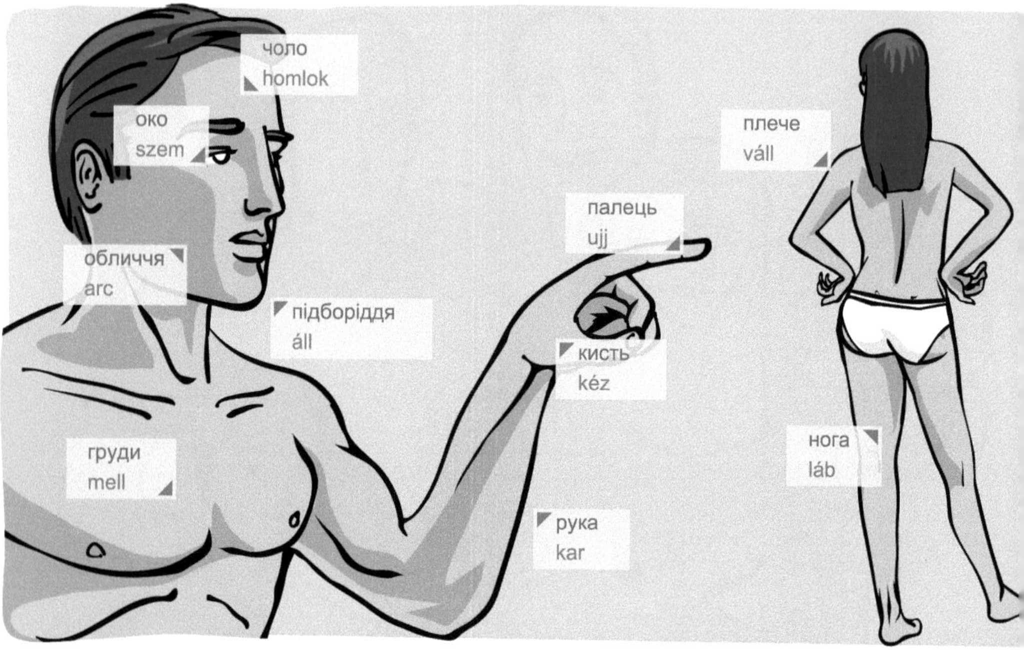

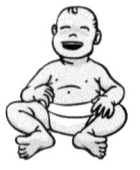

немовля

kisbaba

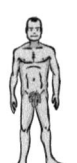

чоловік

ember

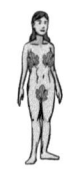

жінка

nő

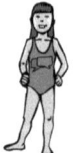

дівчина

lány

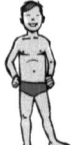

хлопчик

fiú

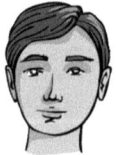

голова

fej

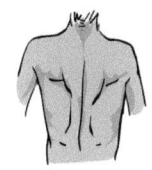

спина

hát

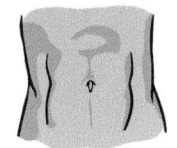

живіт

has

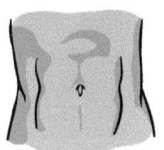

пуп

köldök

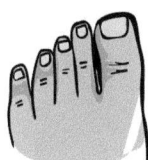

палець ноги

lábujj

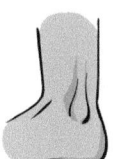

п'ята

sarok

кістка

csont

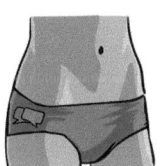

стегно

csípő

коліно

térd

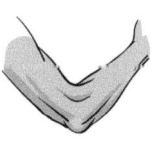

лікоть

könyök

ніс

orr

сідниці

fenék

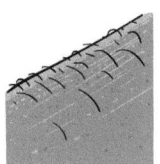

шкіра

bőr

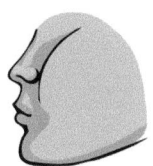

щока

orca

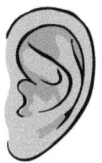

вухо

fül

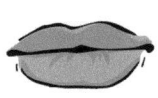

губа

ajak

рот

száj

зуб

fog

язик

nyelv

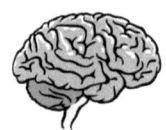

мозок

agy

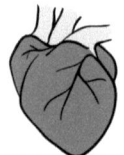

серце

szív

м'яз

izom

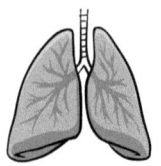

легені

tüdő

печінка

máj

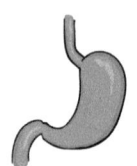

шлунок

gyomor

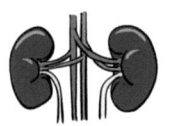

нирки

vese

статевий акт

szex

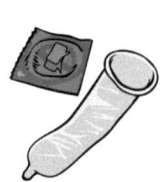

презерватив

kondom

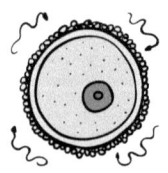

яйцеклітина

petesejt

сперма

sperma

вагітність

terhesség

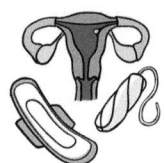

менструація
menstruáció

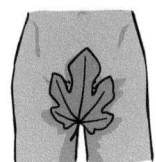

вагіна
vagina

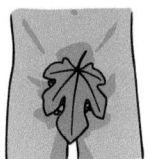

пеніс
pénisz

брова
szemöldök

волосся
haj

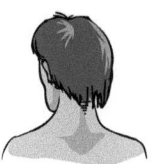

шия
nyak

лікарня
kórház

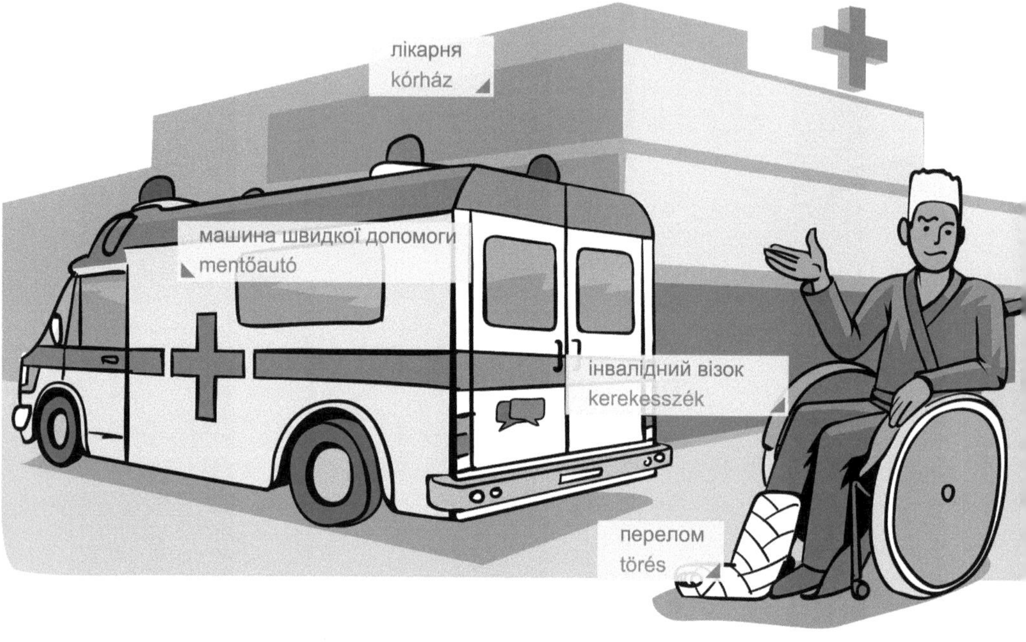

лікарня
kórház
машина швидкої допомоги
mentőautó
інвалідний візок
kerekesszék
перелом
törés

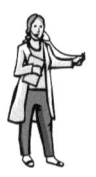

лікар
orvos

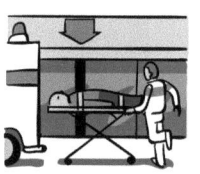

відділення швидкої медичної допомоги
sürgősségi osztály

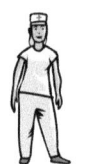

медсестра
ápoló

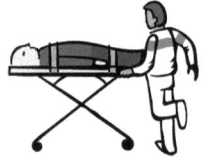

аварійний випадок
vészhelyzet

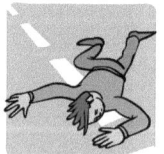

непритомний
eszméletlen

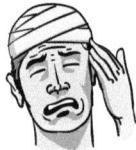

біль
fájdalom

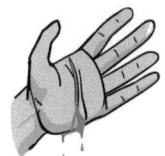

травма
сérülés

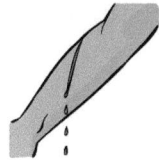

кровотеча
vérzés

інфаркт
szívroham

інсульт
szélütés

алергія
allergia

кашель
köhögés

лихоманка
láz

грип
influenza

пронос
hasmenés

головна біль
fejfájás

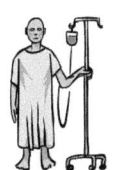

рак
rák

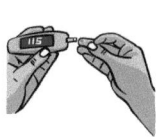

діабет
cukorbetegség

хірург
sebész

скальпель
szike

операція
műtét

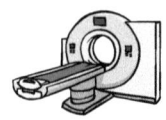

КТ
CT

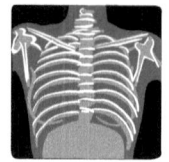

рентген
röntgen

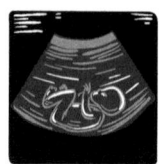

ультразвук
ultrahang

маска
arcmaszk

хвороба
betegség

зал очікування
váróterem

милиця
mankó

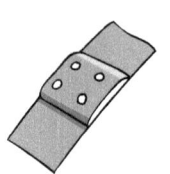

пластир
sebtapasz

пов'язка
kötszer

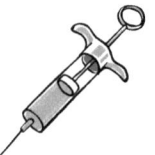

ін'єкція
injekció

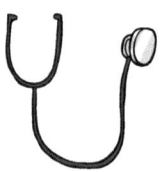

стетоскоп
sztetoszkóp

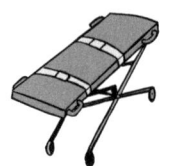

ноші
hordágy

термометр
klinikai hőmérő

народження
születés

надмірна вага
túlsúly

слуховий апарат

hallókészülék

дезінфікуючий засіб

fertőtlenítőszer

інфекція

fertőzés

вірус

vírus

ВІЛ / СНІД

HIV/AIDS

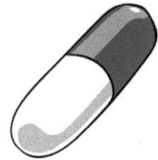

медицина

orvosság

вакцинація

oltás

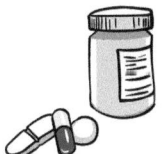

таблетки

tabletták

протизаплідна пігулка

tabletta

екстрений виклик

sürgősségi hívás

тонометр

vérnyomásmérő

хворий / здоровий

betegség / egészség

Допоможіть!

Segítség!

сигнал тривоги

riasztás

напад

rajtaütés

атака

támadás

небезпека

veszély

аварійний вихід

vészkijárat

Вогонь!

tűz!

вогнегасник

tűzoltókészülék

аварія

baleset

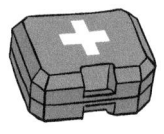

аптечка

elsősegélycsomag

СОС

SOS

поліція

rendőrség

Європа

Európa

Північна Америка

Észak-Amerika

Південна Америка

Dél-Amerika

Африка

Afrika

Азія

Ázsia

Австралія

Ausztrália

Атлантика

Atlanti-óceán

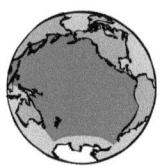

Тихий океан

Csendes-óceán

Індійський океан

Indiai-óceán

Антарктичний океан

Déli-óceán

Північний Льодовитий океан

Jeges-tenger

Північний полюс

Északi-sark

Південний полюс

Déli-sark

Антарктика

Antarktisz

Земля

föld

суша

szárazföld

море

tenger

острів

sziget

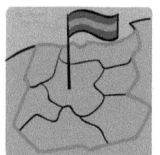

нація

nemzet

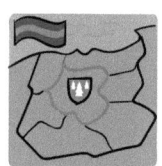

держава

állam

циферблат

számlap

годинникова стрілка

kismutató

хвилинна стрілка

nagymutató

секундна стрілка

másodpercmutató

Котра година?

Mennyi az idő?

день

nap

час

idő

зараз

most

цифровий годинник

digitális óra

хвилина

perc

година

óra

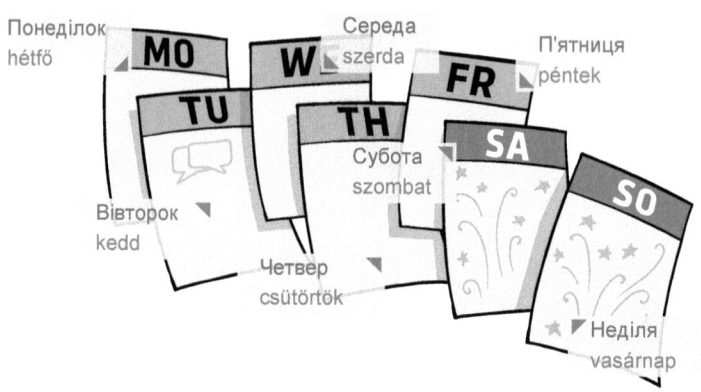

Понеділок — hétfő
Середа — szerda
П'ятниця — péntek
Вівторок — kedd
Четвер — csütörtök
Субота — szombat
Неділя — vasárnap

вчора

tegnap

сьогодні

ma

завтра

holnap

ранок

reggel

опівдні

dél

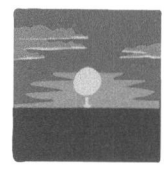

вечір

este

робочі дні

hétköznap

кінець робочого тижня

hétvége

рік

év

дощ
eső
веселка
szivárvány
вітер
szél
сніг
hó
весна
tavasz
літо
nyár
осінь
ősz
зима
tél

4.APRIL 11°
5.APRIL 4°
6.APRIL 13°
7.APRIL 8°
8.APRIL 10°

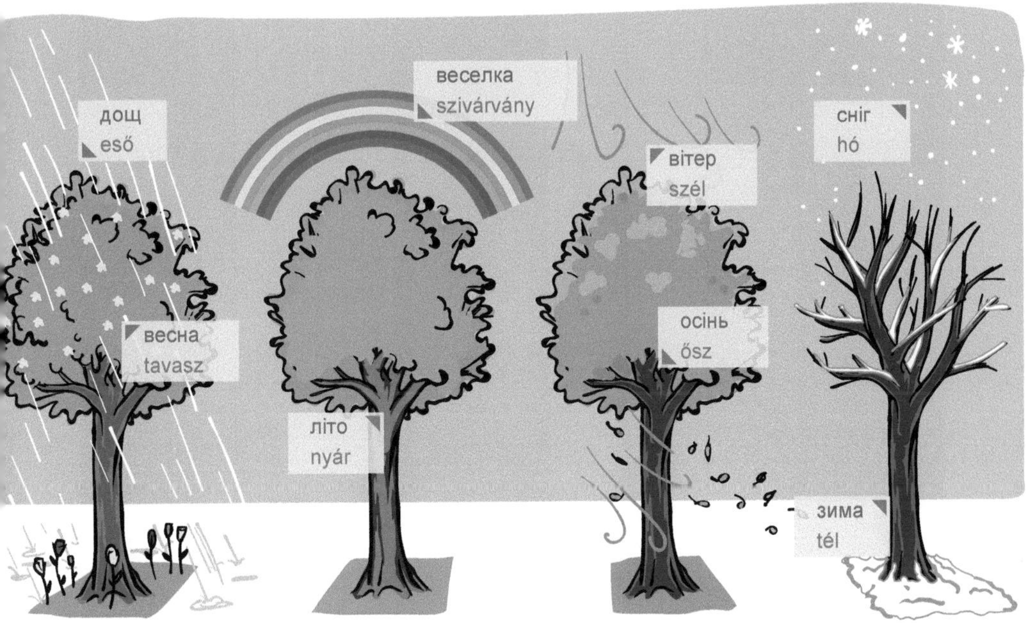

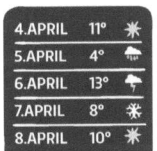

прогноз погоди

időjárás előrejelzés

F
C
120
90
60
30
0
-30
40
30
20
10
0
-10
-20

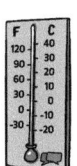

термометр

hőmérő

сонячне світло

napsütés

хмара

felhő

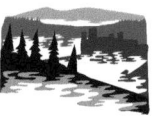

туман

köd

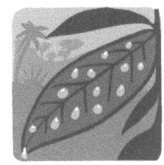

вологість повітря

páratartalom

блискавка
villámlás

грім
mennydörgés

шторм
vihar

град
jégeső

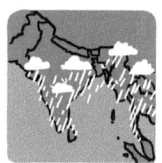

мусон
monszun

повінь
áradás

лід
jég

Січень
január

Лютий
február

Березень
március

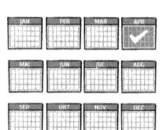

Квітень
április

Травень
május

Червень
június

Липень
július

Серпень
augusztus

82

pік - év

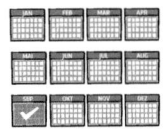

Вересень

szeptember

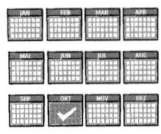

Жовтень

október

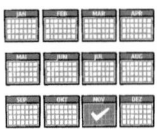

Листопад

november

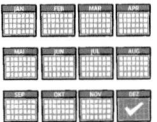

Грудень

december

форми
alakzatok

круг

kör

квадрат

négyzet

прямокутник

téglalap

трикутник

háromszög

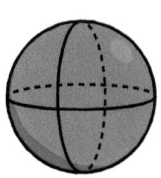

куля

gömb

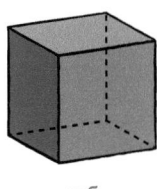

куб

kocka

білий

fehér

жовтий

sárga

помаранчевий

narancs

рожевий

rózsaszín

червоний

piros

фіолетовий

lila

синій

kék

зелений

zöld

коричневий

barna

сірий

szürke

чорний

fekete

багато / мало

sok / kevés

лютий / мирний

mérges / nyugodt

гарний / бридкий

szép / csúnya

початок / кінець

kezdet / vég

великий / малий

nagy / kicsi

світлий / темний

világos / sötét

брат / сестра

fivér / nővér

чистий / брудний

tiszta / koszos

завершений /
незавершений
teljes / nem teljes

день / ніч

nappal / éjszaka

мертвий / живий

halott / élő

широкий / вузький

széles / keskeny

їстівний / неїстівний

ehető / nem ehető

злий / дружній

gonosz / kedves

збуджений / нудьгуючий

izgatott / unott

товстий / тонкий

kövér / vékony

спочатку / востаннє

első / utolsó

друг / ворог

barát / ellenség

повний / порожній

teli / üres

жорсткий / м'який

kemény / puha

важкий / легкий

nehéz / könnyü

голод / спрага

éhség / szomjúság

хворий / здоровий

betegség / egészség

незаконний / законний

illegális / legális

розумний / дурний

intelligens / buta

вліво / вправо

bal / jobb

поруч / далеко

közel / távol

новий / використаний
……………
új / használt

нічого / щось
……………
semmi / valami

старий / молодий
……………
idős / fiatal

вкл / викл
……………
be / ki

відкрито / закрито
……………
nyitva / zárva

тихо / гучно
……………
csendes / hangos

багатий / бідний
……………
gazdag / szegény

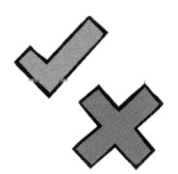

правильно / неправильно
……………
helyes / helytelen

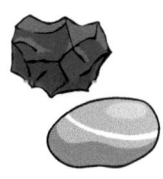

шорсткий / гладкий
……………
érdes / sima

сумний / щасливий
……………
szomorú / vidám

короткий / довгий
……………
rövid / hosszú

повільно / швидко
……………
lassú / gyors

вологий / сухий
……………
nedves / száraz

гарячий / холодний
……………
meleg / hideg

війна / мир
……………
háború / béke

0	1	2
нуль	один	два
nulla	egy	kettö

3	4	5
три	чотири	п'ять
három	négy	öt

6	7	8
шість	сім	вісім
hat	hét	nyolc

9	10	11
дев'ять	десять	одинадцять
kilenc	tíz	tizenegy

12

дванадцять

tizenkettő

13

тринадцять

tizenhárom

14

чотирнадцять

tizennégy

15

п'ятнадцять

tizenöt

16

шістнадцять

tizenhat

17

сімнадцять

tizenhét

18

вісімнадцять

tizennyolc

19

дев'ятнадцять

tizenkilenc

20

двадцять

húsz

100

сто

száz

1.000

тисяча

ezer

1.000.000

мільйон

millió

англійська

angol

американська англійська

amerikai angol

китайська
високочиновницька

mandarin kínai

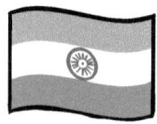

хінді

hindi

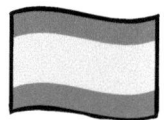

іспанська

spanyol

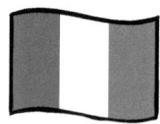

французька

francia

арабська

arab

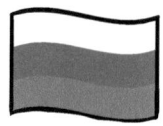

російська

orosz

португальська

portugál

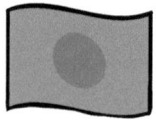

бенгальська

bengáli

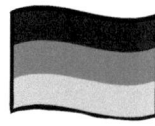

німецька

német

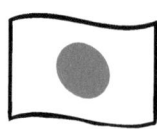

японська

japán

я

én

ти

te

він / вона / воно

ő

ми

mi

ви

ti

вони

ők

хто?

ki?

що?

mi?

як?

hogyan?

де?

hol?

коли?

mikor?

ім'я

név

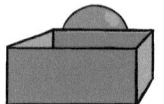

ззаду

mögött

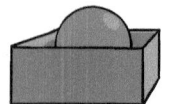

в

benne

перед

elötte

над

felette

на

rajta

під

alatta

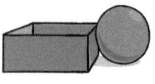

біля

mellett

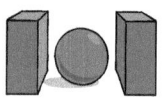

між

között

місце

hely